JN439623

지상에는 시가 있었네

홍금자 시집

계간문예

지상에는 시가 있었네

시인의 말

영혼의 갈증
한 모금
거기 시가 있었네

2023년 팔월
홍금자

■ 차례

제2부 지상에는 시가 있었네

제3부 그래서 나는 유독 쓸쓸한 별 앞에 서다

제4부 한 모금 간곡한 그리움 앞에서

제1부

슬픔이 밟히는 저녁

목숨의 층계

꽃이 지는 소리
밤새 떨어진
꽃잎 주워
베갯머리에 놓았다

새벽녘
꽃잎들은 또 다른
꽃의 바다가 된다

누군가에게 전화를 건다
지난밤 빠져나갔던
낙화의 존재는
결코 죽는 것이 아니라
다시 살아나기 위한
새로운 목숨의 층계라고

오월 그리고 유월

헤어짐의 길에는
만남의 길이 남아있다

꽃이 지는 잎에는
새잎이 새롭게 돋아나듯
인생의 가는 길에도
반드시 가고 오고 있는
사람이 있는 법

아직 부화되지 않은
내일이 오기 전
슬퍼하지 마라

외로운 목숨일지라도
그 길목마다
피고 지는 꽃이 있거늘,
오월 그리고 유월에

오월이면

오월의 색깔은 진보라
나무들마다 앳된 신록을 입고 나와
살이 오를 즈음
보랏빛 어린 요정들의
군무가 시작된다

어쩌면 다가올
가을의 열매를 위해
사랑을 주고 싶다는
비밀스런 편지 한 장
띄우고 있는지 몰라

극야

지구에게 던지는 무슨 예시일까
천년 저 너머의 남극
태양은 이미 결별을 청했다
지평선 아래 몸을 숨겨
마지막 이별의 선물
뭉크의 하늘 극야
그렇지 약속한 이여
해 뜨지 않는
어둠의 세계에서
어찌 눈을 뜨라 하는가
아무것도 볼 수 없는
청맹과니들에게
등뼈를 세워 걸으라 하는가
언제쯤 열린 창문 열어놓고
힘차게 날라 할 것인가
일 년의 사분지 일의 시간
눈물이 차올라 강물로
흐른다 해도 어쩌지 못하는
지구의 절규
하늘의 말씀 고개 숙여
받을 수밖에는

지구도 기척을 한다

바다가 드디어
태양을 순산한다
밤새 진통을 견뎌
금빛의 아들을
머리 위로 들어 올렸다

한 무리의 구름 떼가
저마다 은총을 입어
갖가지 빛깔로
출렁이고 있었다

비로소 거기 섬 하나
덩달아 아침 바다의
생살을 찢어내
일어서기 시작한다

지구도 기척을 한다

한 번쯤 생각을 섞는다

아직 여름 되기엔 이른 시간
샛강 나무다리를 건너면
푸른 풀대들
곁으론 하루 종일 고막을
울려대는 올림픽대로의
차 소리도 아랑곳하지 않는다

세상 번잡한 일들도
잠시 나그네 길이라고
치부해 놓고
억새 강아지 망초 풀
목대 세워 커 가는 사이로
한 번쯤 생각을 섞는다

떫고 시린 시간의 중턱
흔들리는 새와 구름 그리고 물소리
어느 것 하나 묶어 두지 않았다

세상의 시계도
때로는 오늘 하루처럼

느슨히 가고 있다는 상념

지독한 어둠의 몸을 쓰다듬어 본다

인생에는

꽃 피고 지고
수 없는 계절이
다녀간 자리
나는 기진해
일어설 수 없습니다

태어나고 죽고
사랑하고 이별하는 때
손가락 세워 셀 수 없습니다

내게 머지않아
다가올 그때
나는 물소리 들으며
그대를 그리워할 겁니다

그리고 바삐 서두르는
발걸음들의 등 뒤에
낙화의 시간이 있음을
귀띔해 주겠습니다

초록의 연속성

아침 산 길을 걷는다
성미산 작은 주름 계곡
오름에서부터
정상까지는
푸름의 연속이다

아카시꽃 절정의 사월이면
초록 머리 위
흰 숭어리꽃들
꽃들의 장날이다

여기저기 물오르는
나무들 소리
신록의 발효

봄 여름 가을 겨울
계절이 바뀌어도
푸르름은 남아있다

인생 어딘가에도
지워지지 않는 풍경이 있다

성미산 초록의 연속성

사랑이 익어가는 저녁

꽃잎들 사이로
은밀하게 익어가는
이파리들 숨어들었다

잔바람에도
꽃잎 떨구며
눈물짓는 사이
숲에선 저희끼리
수천의 언어로
신록을 만들고 있었다

꽃보다 더욱 빛나는
잎들을 팔랑거리며
낯익은 붉은 잎들을
떨군다

사랑이 익어가는 저녁
저 푸른 잎의 맥을 짚어
그리운 이름들을
다시 어루만져본다

지나간 시간 앞에서

저 밀물 져 오는
계절의 파도

몇 번의 산천이
남았을까

바람처럼 산을 넘고
물처럼 흐를 수 없었던
삶의 중량감

아직도 저리 깊어
그 아득함 앞에서
떠나지 못하고
서성이고 있다

그 언니의 밥

번호판 꾹꾹 눌러야
주인 없던 현관문이 기척을 한다

열여섯 되던 해
방직공장의 딸각대는
기계 소리에 접선을 했다
비로소 세상 밖으로 나온 시골 처녀의 서울 나들이
밤을 잊은 산업화시대의 딸들, 때로는 지치고 쓰러지고
다시 일어서 허리 세우던 크고 장한 목숨의 무늬들
역사 속 음각으로 깊게 새겨진 푸른 비목의 어린 이 땅의 딸들

부뚜막에 쪼그려 저녁 짓던 고향 집 부엌
두 살 차이 언니가 어느 햇볕 좋은 날 서울행 기차를 탔다
늘 그 밥 실컷 먹고 싶다던 언니

오늘 눈이 부시다
탁 튄 대로를 걷는다
밤새워 재봉틀 밟던 슬픔조차 노래가 되는 여기
내 서툰 한 줄의 빈곤한 문장 올린다

노을 지는 생 앞에서

삶의 끝자락쯤에서
돌이켜 스쳐 지나온 날들의
풍경이 펼쳐지는
환한 그 자리들
마지막 편지처럼
슬픔이 묻어난다

이제 꽃잎들
끓어 넘치듯 흩날리고
목숨의 가치에
매달리지 않아도 될
나이가 된 지금
차라리 행간에 스며든
나의 마음은
고요 속에 가볍게 눕는다

그대는 푸르고 푸른 깃발

— 영등포신문 창간 22주년을 기념하여

그대는
스물두 살의
푸른 목 세워
청정하게 일어서는 목숨

그대의 정갈한
곧은 손끝에서
정의가 살아나고
진실이 발로 되며
언론문화의 장이 열린다

그대는
늘 가슴에 물음표를 달고
깊은 미로의 길을 찾아내듯
지역의 아픈 곡선마다
단숨에 짚어내는
예지의 눈을 가졌다

그대는
사랑 자유 용기 승리의
횃불을 높이 들고
어둠이 머물다 간 자리
한 줄기 빛으로
천 년의 시간을 밝힌다

영등포신문이여,
새로운 역사 앞에
시대의 꽃으로 피어
언론문화 창달의
푸르고 푸른 깃발 되소서

편지

그대에게 편지를 쓴다

지상은
오월의 눈부신 신록
나뭇잎들은 날마다
초록으로 스며들고
윤슬로 반짝이는
햇살 속에서
익어가는 사랑 하나

온 힘 다해
상념의 불을 지피는
이 저녁
군불로 연기 오르듯
광활한 시간을 위해
늦도록 잠 청하지
못하는 깊은 밤

그대에게 편지를 쓴다

나는 누구일까

하루의 일도
마음 가는 대로
발 딛지 못하는 나는
누구일까

삶의 순한 노예가
되어버리고 마는
이 어릿광대

그물망에 갇혀
순응하지 못하는
외줄 타는 어름사니

한 생애
단 한 번만이라도
몸을 바꾸고 싶은 나는
누구일까

마음 줄이고 늘이다가
끝내는 스스로 무참히
저녁노을이 되는 나는
누구일까

슬픔이 밝히는 저녁

붙박이 삶이 되어 버렸다
지나는 계절을 허공에 놓고 본다

이태 전 겨울을 시작으로
봄 여름 가을 겨울 그리고 다시 봄
어둠에 갇힌 날들은 열리지 않고
무심한 창밖 혼자서 가고 오는 사계를 본다
꼼짝없이 바깥세상을
만날 수 없는 풍경 앞에
검갈색 커피만 축내고 있다
언제쯤 침묵의 시간 고삐 풀릴까

계절과 계절의 간극
그 맥박을 재 보기도 전
사라져 가는 허무의 시간들
하얗게 센 머리칼이
구역의 구분 없이 크로바 퍼지듯
단호히 점령을 했다

노을 앞에 선 짧은 삶의 깃발
꺾인 지 오랜 무릎 다시 세워
잠든 세포들의 문을 두드려 본다

마른나무 등허리 감고 돌던
능소화 뼈마디만 남은 빈 가지 나풀댄다
날 것들의 유희, 소독제 냄새가 풍긴다
다시 눈뜨지 못한 틈새로 바라본 사람
마스크로 단단히 숨을 막고
가만히 창 너머
멀리 놓고 손사래 친다
울컥 슬픔이 밟히는 저녁

인생 성적표

오늘도
결핍의 일상을 눈 안에 넣고
새벽안개를 가슴으로 받으며
인기척 따뜻한 삶의
촉촉한 흙을 밟는다

여린 줄기에서부터
깊숙한 곳 뿌리내려
굳건한 터를 잡고
서로의 가슴을 내준
생의 주파수
내 생애도 낙원이듯
자랑처럼 허리를 편다

그렇지, 지나간 자리
때때로 풍성함의 무게
생의 단맛으로 남았던 여기
아픈 무릎 세우며
더듬더듬 인생의
긴 성적표를 펴 든다

여의도 벚꽃 길을 걷다

여의도 윤중로 벚꽃으로 덮였다
가지마다 사월의 바람을 깔고 밤마다 해산 중이다
퍼지는 햇살 사이로 꽃의 살빛, 간혹은 봄비에 촉촉이 몸을 적시며 뒤채는 저 유혹 어느 누구도 어쩌지 못한다

사월 초순과 중순 사이
사람들을 실어 나르다 목이 쉬는 여의도역 3번 출구 물결일 듯 넘쳐나는 사람들이 둥둥 떠다니고 겨드랑이쯤엔 한강의 윤슬이
눈부시다 여기선 누구나 오랜 친구
태반을 열어 꽃잎 토해내는 생의 발화점

세상에서 힘든 일 한 줌씩 덜어내며 연분홍 속살에 입술을 댄다

가로등 켜질 때쯤 촉수 높여 서로의 등 다독이며 기댄다
올봄도 몇 생을 걸어왔을까
찬찬히 봄의 미간에 핀 벚꽃잎 건드려보며 걷는 저녁

제2부

지상에는 시가 있었네

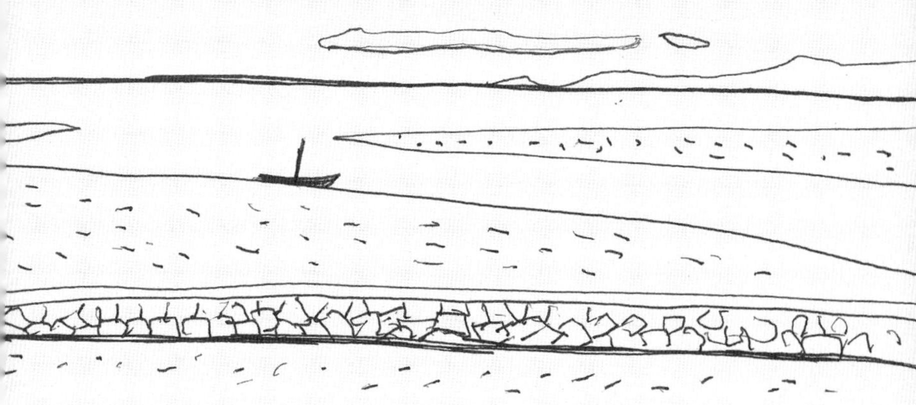

추억, 그 시간 속으로 흐르다

추억은 오랫동안 내 안 깊숙이 쟁여진 시간들이 솟아올라 돋아나는 그림이다

때로는 손톱자국에 긁히듯 무늬를 만들기도 하고 더러는 굵고 깊은 자국으로 지워지지 않는 화인이 되기도 한다

덧살로 생겨난 시간들의 흔적, 추억은 지나간 풍경이 가면을 쓴 무희처럼 서로 몸 비비며 마주 보며 빛나는 불빛

뜸 잘든 기억의 항아리에 햇빛 찾아들어 이미 멀어져 간 무덤가 깃발로 손 흔들며 서 있는 하나님의 시간 위에 항시 처음이 되는 그리움 덩이, 덩이들

예언자

푸른빛 짙어가는 오월
하루가 열렸다 닫히는
저녁나절

철자법 맞지 않아도
푸른이라고 쓰기만 해도
오월이란 걸 안다

한 글자만으로도
충분히 나를
길어 올릴 수 있는 기쁨

내일 날씨 꾸물꾸물
비 오실 모양이다
날씨라고만 써도
비라고 읽는 사람들
그렇지, 우리는 틀림없는
예언자

금줄 시대

저 벅찬 신록의 경이로움
계절마다 피고 이우는 고독의 미학

2021 코로나의 광기
무너져 내리는
세상살이는
골 깊은 가슴앓이다

집집마다 금줄을 치고
거리마다 냉랭한 언어의 빙벽

마스크 속 대화 참 고단한 세상 만나다

외줄 타는 어름사니·2

낮과 밤의 경계에서
또 미완성의 하루가 지고 있다

등 푸른 겨울바다 위
거칠게 몰아치는 파랑

삶이라는 시간 속
가쁜 맥박으로만
초침을 돌렸던
턱없이 짧은
점. 점. 점

어느새
새들은 둥지를 떠났고
혼자서 외줄 타는 어름사니
아득한 지상과의 거리
생기 잃은 발끝엔
버석이는 강물만 흐를 뿐

자폐의 흙에 뿌리내리기까지

초겨울 달이 높다
자꾸 가슴이 서늘해 오는 것은
가지마다 망설이며
잎을 떨구던 갓 지난 계절을
놓지 못하고 있기 때문이다

시간이란 외줄을 타고
마포에서 영등포로
이사를 했다
새 주소를 익히기까지
오랜 시간이 필요했다

생의 낯선 시간들 앞에서
모종 된 뿌리가
몸살 앓기를 여러 번

새로운 둥지의 명패
한쪽 발에서 다른 한쪽 발
가장 아름다운 날을 위해
또다시 뒤꿈치를 든다

자폐의 흙에 뿌리내리기까지

지상에는 시가 있었네

우리는 산다
날마다 견디며
영혼의 끝자락을 붙들며 산다

역병의 시간 속에서도
황홀한 내일의 태양을 본다
남몰래 지워져 가는
언어들의 모종
유서 쓰듯
다시 썼다가 지우며

살아있는 날들의
지상 과업
약속이나 받아낸 듯
마스크가 없으면
밖을 볼 수 없는 세상
절룩거리며,
법치에 순종하며
가늘게 떨리는 슬픔과 분노

이것이 지상에서
마지막 생살 찢는
십자가이길 고대하는 중

무표정의 얼굴에
말을 건넨다

그러나
더 이상 헤매지 않으리라
햇살에 고여 피어나는 생명처럼
밤낮의 고통 이겨내며
시를 잉태하는 이 자리
운명처럼 노래하리라
또 한 해가 늙는 지상에서의 저녁에

새해 새날의 눈빛을 보라

보라
태초부터 투명한 아침이 오고
일제히 햇살은 일어선다

새해 첫 광선
상기된 그 빛
저마다의 생명을 뿌리며 온다

아직도 역병은 그대로인 채
무고한 목숨들 등쳐가고
존재의 칸에 그의 이름
하나씩 지워 가고 있지만
먼저 간 시간 위에
남겨진 더운 핏줄들
다시 이 땅에 둥지를 틀고
서러운 날들은 사라져 간다

이제 여기
또다시 무릎을 세운다
아침을 끌고 오는 태양을 맞듯

새날과의 눈맞춤
새 빛깔들의 춤사위
깨어나 소리치는 환호성
글썽이는 낯선 새아침의 속살에
따뜻한 가슴을 얹어보라
새해 새날의 눈빛을 바라보라

생의 더듬이로

깊이 묻혔던 말 한마디
툭 거실로 걸어 나온다

더듬더듬 찾아낸
옹이진 침묵 속 빛 하나
한 날이 가고 오는 길목에서
오직 갈망으로 선
꼭두서니

익숙했던 오랜 시간
진화되지 못한 채
궁핍한 기도 몇 날이었나

이제
생의 더듬이 한쪽
남은 삶의 여정
익혀가고 있는 중

목숨의 간이역

산부인과 수술실 안은
채 마르지 않은 태아의 껍질들
재빠르게 간호사들이 벗기고
매장되었던 핏덩이
세상 밖 울음을 터트린다

긴 잠에 빠져가는 어미는
탯줄을 품었던 빈자리에
서서히 또 다른 생명으로
채워갈 자리 충전 중
그렇게 늘 어미는 목숨의 간이역

음압 병동을 엿보다

한 생애 단 한 번도
만난 적 없는 핏빛 절망
알 수 없는 굴레의 미궁
이 아득함 속에서
계절은 제 혼자 왔다 가고
서걱거리며 풍경을
지워 가는 어슬녘
외로움의 뿌리는
더러 길을 놓치고
까마득한 세상의 허망에 묻힌다

슬그머니 당도한
삶의 끄트머리 근처
뒤돌아볼 사이도 없이
기진한 얼룩진 삶들이
아직도
변명의 꼬투리가 남았는지
좀처럼 잠들지 못하는
자정을 넘긴 시곗 소리

오늘 밤
생경한 길목에서 만나
목이 쉬어버린 한 생의
여과되지 못한 목숨 하나
마지막 집에 들 듯
음압 병동을 엿보다

가난한 시의 향기

아직 아침의 확연한 햇살이
퍼지지 않은 시간
대책 없이 저당 잡힌 추억 하나
툭 서정리 앞산에서 걸어나온다
그 야산 언덕 정수리
바람을 마주 서며 해를 기다렸던
각진 제복 위에 빛나던 계급장
그 곁에 코발트색 코트가 힐끔힐끔
짧은 스커트의 속살을 보이던 때, 그때

벌써 해가 올랐다
빈 거실이 빛으로 가득하다
생의 끄트머리 시각, 거기서 만난
가난한 시의 향기 노년의 어깨가 반짝였다

그리움은 늙지 않는다

기다림의 계단을 타고
끝없이 오르는
허기의 꼭짓점

허리 휘어지고
무릎 꺾여
더는 닿을 수 없는
거기 그래도 여전히

그리움은 늙지 않는다
날마다
새파랗게 돋아나는
사랑의 층계

또 설날 아침에

묵은 날들의
살갗이 벗겨지고 있다

소리 없이 지나는
시간의 연속성
표도 팔지 않는
정거장에서
나도 모르는 사이
종착역을 향한 기차에 올랐다

단 한 번의 빛나는 꿈을 붙들고
오르던 한 생의 여정
얼마나 많은 세월 견뎠을까

밀봉되었던 새해의식
새벽 까치 까악 까악 깍 깍
떡국 한 그릇의 결핍
묵혀 온 설운 눈물 닦는다
설날 아침에

낮도 어둠이 되는 세상

숲들이 어둠을 입는 시간
새들은 저마다의 잠을 청한다
그때부터 슬픔과 그리움은 홍건하게 고이고
홀로 밤을 지샌다
어딘가에 제 몸 풀지 못한 응어리 덩이덩이들
동맥경화로 뇌에 부하가 생겼다

왼쪽 방향으로 틀지 못하는 애매한 손과 발
허공을 잡는다

일상의 물상들이 외면하는 사이
두꺼운 커튼은 바깥의 빛마저 차단하고 나섰다

낮도 어둠이 되는 세상
허물어져 가는 뼈마디 세우려 애써 보지만
기력마저 가당치 않다

반쪽이 된 세상은 서서히 금이 가고
쌓여가는 생의 반성문 유서처럼 남긴다

확진자

바깥세상 맘껏 뛰어다닌 죄밖엔

햇볕 바람꽃과 나무를 사랑한 죄밖엔

대지의 숨소리 맑은 공기를 좋아한 죄밖엔

이따금 콧물 두어 번 기침 소리 낸 죄밖엔

자꾸 나더러 코로나 확진자란 용수를 씌운다

차가운 절망과 무기력과 알지 못할 분노

아, 내 평안의 집이여

제 안의 뿌리조차 만날 수 없는

모두가 떠난 이 먹먹한 생이여

지구는 여전히 시간을 휘젓고 있지만

그래도 완벽하게 돌고 있는데

비밀이 존재하지 못하는

안을 감싸던 몇 장의 감성은
은밀히 비 내리는 날이면
스스로 매듭을 풀어낸다

잘 간수하지 못해
속내를 들켜 버린 그날은
몇 번이고 그 내력을
변명해 보지만 이미
바깥이 되어버린 비밀은
더 이상 안으로 들어갈 수 없다

외벽을 타고 내린
숱한 현수막 글귀
헐렁하게 불빛을 받고 있다
안이 없는 빈자리
거기 침묵, 한 줌 체취

경계선 앞에서

저 겹겹의
어둠의 깊이

꽃들 목이 쉬는데
나의 봄은 어디쯤
당도했을까

안의 어둠이 바깥 어둠을
살피는 동안 문이 닫혔다
(삼월의 진눈깨비가 수월찮게 내리고 있다)

경계 없이 나는 새들과
구분 없이 흐르는 봄 강 여름 강
가을 강 그리고 겨울 강
기다림에 지쳐
그저 몸살만 남은 땅들이
인적 없는 경계를 마주 보며
원망 칭얼거림도 통하지 않아
그리움의 무늬를 만들고 있다

아직 도달하지 않았으나
어딘가 오고 있을(아주 오래된 이정표를 무심히 바라보며)

몇 장의 감성

푸른 수풀과 밑그림이 된
삼월 끄트머리쯤
목련의 꽃잎들이 황홀하다

금방 날개 돋친
어린 비둘기 한 쌍
숨이 버거워도 멈추지 못하는
날갯짓의 간헐적 허기

기어이 피곤한 안색으로
돌아가는 회색의 공원 모퉁이
창공을 꿈꾸는 바람은
점점 지쳐가고
발걸음 뜸한 지상의
어둠 속 잠들지 못하는
슬픈 몸살로 뒤척인다
몇 장의 감성을 열며

제 3 부

그래서 나는 유독 쓸쓸한 별 앞에 서다

꽃잎 휘날리는 날에

이 자유로운 봄날
꽃잎 휘날리는 날에는
허공도 출렁인다

하얀 낮달이 나뭇가지 틈새로
꽃잎의 가슴을 훔친다

난 하릴없이
꽃비를 맞으며 걷는다
켜켜이 쌓인 그리움
속내를 들켰다

지난날
윤슬처럼 반짝이던 사랑도
설핏 흘러가 버리고
이제 바닥으로 쓸려 내리는
저 낙화의 결별 앞에서
눈치 없이 빈손만 흔드는
윤중로의 슬픈 저녁

방금 짧은 별빛 하나 스쳐간다

봄날 아침

피고 지고 다시 피는
봄꽃들의 몸짓
고독의 긴 길을 걸어
피어난 꽃들의 희망봉

밤비에 가슴 여는
붉은 꽃잎들
저마다 씨방 가득
열매를 숨겼다

기척 없던 간밤의
박태기 꽃들이
우 우 우 아침에
빠알갛게 터졌다

한꺼번에 눈부신 봄날 아침

초겨울 창문 앞에서

떠나간 시간들 아련한 기억으로 묻어오던
그리움조차 말랐다
지난 한 해 동안 하루의 일상이 기우뚱대고
고개 꺾여 무심한 세월만 세던 목덜미 위로
다시 초겨울 들어섰다

스스로 사라져 가는 것이 삶이라 했거늘
오늘은 무심히 찾아온 계절 앞에서
깊이 가라앉은 추억 속 설탕단풍나무*를 생각해 본다

* 설탕단풍나무 - 캐나다에 서식하는 단풍나무로써
  메이플 시럽 재료로 쓰임

옹이 꽃

살아온 만큼
상처 진 곳
옹이로 채워
붉은 꽃 피웠다

화인처럼
지워지지 않는
자리마다
아직 꺼지지 않는
생존의 절규

거기
새살 오르는
오늘 그리고 내일

푸르렀던 날들, 눈물 그렁이며

공원의 수양벚꽃 가지
목을 숙이기 시작했다
하강의 가지들이 거꾸로 하늘을 본다
바람을 타면서 몇 미터 앞 분수에
손 넣어보려 애를 쓴다

이따금 텃새 한 마리
"며칠 후면 첫 꽃망울 초경 맞듯 터트리겠다"
혼잣말 툭 던지며 날아간다

묵은 옷가지 말리며 생각한다
나를 깨웠던 숱한 푸르렀던 날들
새순 돋는 목숨의 문 앞에서
눈물 그렁이며 서툰 기도 올린다

신사동 성형외과 간판

빨강과 녹색 등은
간밤도 잠자지 못한 채
또 한 날을 밝히고 있다

불면의 시간은
제 얼굴을 지우고 싶은
욕망의 전차에 불을 붙이고
가슴 서늘해질 때까지
아득하고 흐릿한 몽상의
세상을 풀어놓는다

시퍼렇게 멍든 자국은
그윽한 재생의 저울에
새로운 눈꺼풀과 오뚝한
콧대를 올려놓는다

오래간만에
낯선 얼굴이 환하다
흔적 없이 봉합된
제 몸속에 숨은 몸의 위장

거리엔 여전히
잠시 생전에 빌릴
미를 탐닉하는 표정들이
햇살에 고여 떠다니고 있다

시간의 머리 방향을 잃다

어둠에 갇힌 분노
눈뜨면 낯설기만 한 풍경 앞에
검갈색 커피만 축내고 있다

계절과 계절의 간극
사라져 가는 허무의 시간들

노을 앞에 선 짧은 삶의 깃발
꺾인 지 오랜 무릎 다시 세워
잠든 세포들의 문 두드려본다

마른나무 등허리 감고 돌던
능소화 뼈마디만 남은 빈 가지 나풀댄다
날 것들의 유희 소독제 냄새가 풍긴다
마스크로 단단히 숨을 막고
가만히 창 너머 멀리 놓고 손사래 치며
이별하던 사람들
울컥 슬픔이 밟히는
시간 머리 방향을 잃다

봄빛 세상

오래된 의식
그다음은
계절의 이별과 만남
연둣빛 연서를 물고
돌아온다
바깥세상
한 번쯤 살펴본다
환하다, 눈부시다

오늘 하루는
봄빛세상

여름 나무 아래

해마다
매미들 등 업어 키우던
여름 나무

올해의 매미
하안거에 들었다

칠월이 되어도 울지 못했다
목울대 치고 오르던 그 울음
안식년 기도 중이다

여름 나무 빈 겨드랑이

코로나 후유증

낮과 밤의 경계가 무너졌다
코로나 후유증
잠 그리고 간헐적 두통
고장 난 시계처럼
몇 번이고 흔들어 깨워도
잠 속에 갇혀
세상의 시간을 잃었다

어제도 오늘도 내일을 잊은
평화로운 잠의 세계
어쩌면 세상의 무질서, 그 속을
빠져나오고 싶었는지 모른다

오늘도 시간은
침묵의 하안거

불면 의식

길을 잃었다
생의 로드맵이
처음부터 없었던 것처럼
더욱이 잠엔 발걸음 짚어갈
지도가 전혀 없다

안대를 쓰고 수면 양말을 신고
그래도 잠은
반은 헛꿈으로 뒹굴고
반은 깬 채로 아침을 맞는다

지난밤
모래알 하나씩 세어가며
생생한 대지의 음성을 들었다
흔들린다,
더 이상 잠은 사라지고 없다
밤, 깊은 밤 그리고 새벽까지
푸른 하늘의 별 총총히 내린다

눈 뜨고 맞는 빛 아침

불면 속에 맴도는
생명 외경의 심장
그리고 무의식 속
떠도는 삶의 얼룩
말없이 내 몸속에서 자라
이제 노을 진 거리까지 따라와
흑점 하나로 남는 불면 의식

만파식적

그대 이름 만만파파식적
신이 빚어낸 피리 소리 들으신 적 있나요
대나무의 뼈 마디마디를 열어
손끝에서 풀어내는 영험한 피리 소리
하늘의 피리를 이 밤 부는 자 누구인가
곤룡포 긴 옷자락 여미고
백성을 위한 간곡함으로
봉헌하는 생명의 소리
닫힌 죽관 마디마다
숨을 불어넣고
혈의 길을 터 흐르게 하는
곡진한 심장의 소리여
저 영혼의 소리
병마로 죽어가는 민초들
다시 맥이 통하고
목숨 살아난다
나라에 어둠이 덮여와
위태로울 때마다
저 피리 소리

외적을 물리치는
오직 빛의 소리,
구원의 만파식적

모진 비바람과 눈보라 속에서도
나라를 지키겠다는 일념 하나로
피리 불던 신라의 파수꾼
신라 거룩한 영혼의 소리
신라 천년의 저의소리

이것은 피리가 아니다
이것은 그냥 죽관이 아니다
이것은 백성을 위한 피의 노래다
이것은 나라를 지키는 번제의 소리다

저 태곳적 고결한 음결
열린 숨구멍마다 천계로 이어지는
잘 여문 피리 소리여
하늘이 허락하여 내리신
목숨의 피리여, 피리 소리여

아, 주신 것에 감사

그를
그의 간절함에서부터 만난다
신의 옷자락이 두 손과 손사이로
들어오는 순간 입술을 댄다

당신께 바치는
절정의 끓어오름

굳어진 뼈가 부스럭 잠을 깨고
미루었던 허기진 시간들이
한꺼번에 달려와
이름표를 단다

아, 주신 것에 감사
몸에 낙관을 새긴다

꽃잎 지다

구월 십팔 일 아침
떨어진 꽃잎 곡진히 안아
마지막 입맞춤

봄날을 좇다 기진하여
서 있는 어느 생처럼
오늘 아침
스스로 목숨 누이는
꽃잎, 꽃이파리들

그리움의 강

기다림의 안부가
외로워지는
긴 목마름

한시도 잊을 수 없었던
지나간 시간들의 그림들

지금
그리움의 긴 강을
건너는 중

병명 없는 병 하나

평생 시를 깔고 누워있는 병

바람 불면 바람 맞으러

꽃 피면 꽃 만나러

강물이 풀리고
녹색빛 나무들이 팔랑이면
그 그늘에 눕는 고질병

아직 병명이 없는 병 하나

그래서 나는 유독 쓸쓸한 별 앞에 서다

주먹만 한 별이 머리 위에서 떨어지는 밤은
가을이 한창이었다
들녘에서 벼들이 고개를 숙인 채 잘 익은 계절에 목례를 올린다

북극의 빙하는 1초에 원폭 5개의 열량에 몸을 쏟고
수증기는 지구의 머리를 타고 올라
더 이상 별들을 가려 볼 수 없게 하려는데
머지않아 바다의 눈물 나의 눈물이 되려 하는데

고래의 상처 스스로의 용현향 기름으로 자가치료 하듯
이 지구 무너짐의 치료 비법은 어디 없을까

그렇지, 신이 주신 자연과 인간, 상생의 사랑
바로 이것이 4차원의 항생제인 것을
수술대 위에 누운 지구를 그윽이 바라보는
쓸쓸한 저녁

제4부

한 모금 간곡한 그리움 앞에서

아득해서

나이 든 무릎 꿇어
슬픔이 지나는 저녁을
통과시키고 있었다

삐걱, 삐거덕

생전에
품에 기른 것들
날개 퍼덕이며
날아간 허공

빈 우듬지에선
깃털 몇 개 바람에 쓸리고
온기라곤 전혀 없는
일생 전세 든 나무 꼭대기에서
속 빈 밤을 지키고 있는 중

다시 코로나 수상하다

굴곡진 세상 구석구석
한 곳에 정박하지 못하는
코로나 팬데믹 세상
설운 뻐꾹새 운다

입과 입을 막고
사람과 사람의 거리
그물을 치고
내밀한 비밀부호를 읽어내듯
인간 세상에 붉은 두 줄 그어대며
호기를 부린다
제 등 날을 세워가며

신의 명령을 받았을까
아니면 하늘의 별 솎아내듯
더 좋은 세상 만들고 싶었을까

스멀스멀 다시 일어서는
코로나 수상하다

사월의 메마른 저녁

슬픔이 너무 커
눈망울 빨갛게 충혈된
연분홍빛 벚나무를 보았다

눈 내리듯 쏟아지는 꽃잎들
손 한번 쓰지 못한 채
그냥 바라만 볼 수밖에

요양원 아버지의 임종
누구도 마지막 이별의
길을 막지 못했다

거역할 수 없는
인간의 마지막 복종
신께 안기는 목숨의 산제사

저 꽃잎 지는 순종 앞에
홍건히 가슴 젖어오는
사월의 메마른 저녁

마지막 꽃잎에 고함

창가 햇볕 잘 드는 곳에
보랏빛 호접란 한 분
이년을 죽은 듯 베란다 한구석
밀쳐두었던 것에 생명이 스며왔다

봄부터 줄기 세우더니 가지마다
꽃 송아리 달고 일어섰다
감격하여 안으로 들이고
날마다 그 숨에 입술을 댔다
어느 것 하나 실수 없이 꽃들은 피었다

목덜미 서늘해지고
가을이 창을 넘어 기웃대는
계절의 끝자리쯤
하루가 다르게 식어가는 목숨들
끝내 마지막 남아있던 꽃송이마저
유리 탁자 위에 몸을 눕혔다
떨어진 꽃잎 곡진히 안아
이별의 입맞춤

세상에서 가장 힘든 일은 이별이라 했던가
생의 끝자락 만지듯 지난 역병의 시간
떠나간 수없는 목숨의 줄기를 생각했다
누운 꽃잎 앞에서 슬그머니
삶의 끄트머리에 도달한 나를 보았다

시간의 바깥, 거기 고요의 세상을 만나는
허허로운 마음 한 자락 읽는 오늘
함께 했던 시간들
달디 단 전율 여운으로 남아있는
마지막 꽃잎에 고함

슬픈 문장으로

사람이
살아간다는 일
셀 수 없는
이유들이 있겠지

빈 호수
해거름까지
들여다보며
꼭 다문 입술
곡진히 열어
단 한 마디
슬픈 문장으로

"너무 힘들어요"

한 생은

수많은 삶의 고갯길 넘다
넘어지는 무릎 관절염이 익어
절뚝이는 발목 끄는 생의 모래밭
푹푹 빠져서도 일어서는 안간힘
모성이란 어휘가 맞는가
더러는 끼니를 놓치고
서둘러 돌아오는 저녁
종국엔 허리뼈가 휘어
주저앉는 노을 끄트머리쯤
애써 그 안에 가둬두었던 설움 쏟는다
까맣게 탄 심장 공중에 널며
그때서야 비로소 한 생은
공허한 것이라고
고백처럼 내놓는 말 한 마디

설날 아침은
— 2023 계묘년 설날

설날 아침은
으레 떡국 한 그릇에
나이 한 살 얻는다

올해는
떡국 먹어도
나이* 들지 않는 설

돌아서면 그리운 날들
나이 먹어 기뻐 뛰던
먼 어린 시절
설빔 머리맡 가지런히 놓고
잠 설치며 기다렸던
그때 설날 아침
이제 해님이 바라보며
여태까지 먹은 떡국
모두 쏟아놓으면
내 나이 줄어들까 몰라

계묘년 설날 아침
묵은 시간 털어내며
기도처럼 공손히
문안 올리는 중

* 올해부터 만 나이로 개정하여 사용됨

시간의 홀로

절체절명의 시간
어지럼증이다

침묵의 벽
시간은 가고 있는 것이 아니다
그저 홀로
머물러 있는 것뿐이다

세상의 것들은
시간 앞에서
누구도 거역치 못하며
낡고 쇠하여 간다
나 또한 아침이었다가
점심이었다가
저녁이 된다

홀로
존재하며
늙지 않는 것은
오직 시간뿐

해바라기

끝내 닿을 수 없는 사랑
시월이 되어서야 손을 놓았다
꽃판 가득 그의 사랑을
까만 씨앗으로 품고
숱한 날의 그리움을 닫는다

해는 여전히 중천에 떠 있는데

3월의 비

어느 영혼을
적시려는가
빈자리 채우려
메마른 삶의 틈새로
불어오는 바람을
내칠 수가 없다

마른 풀섶
묵은 벌판
낮은 곳부터
은총의 비 내려
굳어진 관절
일으켜 세우는
봄기운

3월의 비
한겨울을 발효시킨
침묵을 열고
마음 심지에

촉수 높은 등을 켜
참회의 눈물로 흐르는
아득한 지상

여기

햇볕 닿는 곳마다
돋아나는 부활 생명들
연둣빛 문장들이
지상의 탯줄을 달고
일어선다, 솟아난다

여기 이 땅
서로의 결을 내어주는
참 빛 세상을 만난다

주저앉아 생각한다

좁은 이파리 사이로
들어오는 햇살을 받으며
키워왔던 꿈의 제단

앞서가는 미등을
놓쳐버린 뒤로부터
스스로 길을 허물며
주저앉아 생각한다

어쩌자고 가는 길은
더 걸을 수 없도록 힘들어
몇 번이고 힘없는 무릎을
세워야 하는가

다시 생각을 일으켜 보지만
도무지 정지된 채
일어설 줄 모르는 생의 꼭짓점

겨울비

며칠 동안 안간힘으로 버티던
나무들의 안색
가여운 잎들 위로
겨울비 내린다
더 이상 떨어질 것조차 빈약한
핏기 마른 나뭇잎들

공원 빈터엔
아직 해가 떨어지기엔
이른 오후 3시 반쯤
낮 동안 남겨진
비닐봉지 흩날리고
서서히 어둑살이 몰려온다

지난가을인가 끝 여름인가
깃발로 펄럭이던
시의 언어들
나무들 사이와 사이
인연으로 엮였던 목숨들
이제 모두가 떠나 버렸다

사람과 사람이
이별을 하듯
한 계절 삶의 의식
점령군처럼
어둠의 정수리에
냉혹한 전율로 내리는
차가운 눈물
겨울비로 젖는
홀로만의 고뇌

가난한 추억 하나

아직 아침의 확연한 햇살이
퍼지지 않은 시간
대책 없이 저당 잡힌 추억 하나
툭 서정리 앞산에서 걸어 나온다

그 야산 언덕 정수리
바람을 마주 서며 해를 기다렸던
각진 제복 위에 빛나던 계급장
그 곁에 코발트색 코트가 힐끔힐끔
짧은 스커트의 속살을 보이던 그때

벌써 해가 올랐다
빈 거실이 빛으로 가득하다
생의 끄트머리 시각,
눈 감으면 낯익은 거기
홀로 피었다 지는 기억의 찻잔 속
노년의 어깨가 반짝였다

한 모금 간곡한 그리움 앞에서

지구상에 생명이 있는 것들은
어느 것 하나 빠짐없이 자연에 몸을
잇대어 살고 있다
인간 역시 자연의 일부

한 모금 간곡한 그리움이여
눈 그늘 짙어지는 계곡 같은 눈빛
시간을 셈하는 잔설 남은 봄날
하늘이 아득해
삶과 죽음 사이쯤에서 서성이고 있다

비틀 바람을 잡아주는 저 햇살

우리가 보내는 시간이
이토록 귀하고
이토록 허무해서

자줏빛 호접란 앞에서

거실 탁자 위
호접란 화분 하나
목이 잘린 채로 옆구리에서
꽃대를 세우더니
십여 개의 꽃송이를 달았다

일 년여 동안
베란다 한 귀퉁이에서
묵언 수행하며
모진 삶 견디었다
누구도 보아주지 않는
세상 후미진 곳에서
제 혼자 목숨을 키워냈다

날마다 눈뜨면
꽃잎에 입술을 댔다
고맙고 신기했다
저 생명의 경이로움

이제 익어가는 나이 앞에서
새삼 만나는 생의 고귀함
아, 이렇게도 살아가는
삶의 부활이 눈부신데

아버지의 안

시간을 비껴간 꽃잎들
비명조차 지쳐
헐겁게 누워있다

평생 낯선 세상
더듬고 다녔을
가장의 무게
입안에선 늘 단내가 났다

때로는 자신의 전부를
포기하기도 하고
실핏줄 같은 혈육들의
입성 먹성을 손질하느라
퇴적으로 쌓인 멍울만
흔적으로 남았다

아직도 어딘가에
귀가하지 못한
해묵은 소망 같은 것이
이따금
삐죽삐죽 풀잎같이 솟기도 한다

저녁이 찾아온
LED 전등 아래서
철 지난 독백 같은 것이
적막을 쓰다듬으며
자꾸 주름진 눈가로 흘러내리고 있다

홍금자 작가연보

홍금자 작가연보

1944년 2월 19일

경기도 수원시 서둔동에서 부친 홍석남, 모친 김우순 님의 칠 남매 중 장녀로 출생

수원 매산초등학교와 수원여자중학교 졸업

서울로 올라와 수도여자사범대학교 국어국문학과를 졸업

원주 성화여고에서 교편 일 년을 마친 후,

서울에서 고등학교 교편생활

1969년 11월 16일

이경배(강서구 · 마포구청장 역임)와 결혼

아들 웅준, 딸 경훈 남매를 둠

십여 년의 교편생활을 접고 시를 쓰기 시작

1987년

- 한국예술총연합회 기관지 《예술계》에 시 〈유월의 하늘〉 〈길〉 〈여름 바다〉가 황금찬, 김혜숙 시인의 심사로 신인상을 받으며 등단
- '생활동인회' '문촌동인회'와 '예술시대' 동인에 참여
- 첫 시집 《창가에 심는 그리움의 나무》 출간

1992년

- 한국문인협회 해외세미나에 참석
- 러시아 및 카자흐스탄 알마타에서 한국대표로 시낭송
- 《너는 바다크기로 내안에 들어와》 시집 출간
- 《하늘에 걸린 정원》 황금찬 · 홍금자 2인 시집 출간
- 〈윤동주문학상〉 수상

1993년

- 문예지 《시마을》 편집장을 맡아 창간호를 발간
- 시마을시낭송회 발족
- '한강 맑히기 선상' 환경 행사 시낭송(예술시대 주최)
- 제1회 삼개(마포) 시낭송회 개최(시마을, 마포문화원 공동주최)

1994년

- 세종문화회관 개관 기념 시화전 기획 전시 (박두진 황금찬 조병화 홍금자 외 41명)

1995년

- '예술계' 회장에 선임되어 '물 사랑하기'
- 예술 한마당 기획 공연(세종문화회관 분수대 앞)

•《너는 바라보는 것만으로도 기쁨인 날》(시선) 출간

1996년

•'시마을문학회' 대표로 선임

•문학의 해 기념 문인극 〈어미새 둥지에서 새끼들 날려 보내다〉 공연 (작품-이근삼, 연출-차범석)

- 주최 : 96 문학의 해 조직위원회, 주관-한국희곡작가협회
- 후원 : 문화체육부, 한국문화예술진흥원
- 일시 : 1996년 12월 12일~15일 - 장소 : 문예회관 대극장
- 특별출연 : 황금찬, 조경희
- 출연 : 유현종 김국태 김지향 박정희 윤강로 김이연 이광복 강난경 오정인 홍금자 박공서 고성의 서근희 김완수 이승철 김종제

1997년

•《그대 따라 나서는 길》 시집 출간

1999년

•문인극 〈양반전〉 출연

- 원작 : 박지원, 각색 : 유현종, 연출 : 김국태 유현종
- 일시 : 1999년 4월 2일~3일 - 장소 : 문예회관 대극장
- 출연 : 황금찬(양반 부), 김국태(양반), 문정희(기생춘정) 하지찬(천가), 홍금자(천가 처), 김종해(박진사), 박정희(박진사 처), 이근배(박달), 조경희(고모)

2000년

•'제1회 청각 장애우를 위한 시와 음악 축제'

- 한국자막방송과 시마을문학회가 공동 개최(정동극장)
- 《어머니 찾아가기》(김수환 추기경 외 공저) 출간

2001년

- '제2회 장애우를 위한 시와 음악 축제' 개최
- 새천년 한국문학상 수상
- 《목마른 나무가 되어》 시집 출간

2002년

- '제3회 장애우를 위한 시와 음악 축제' 개최
- '아시아시인대회' 참가(중국 시안)
  - 성찬경, 이근배, 유안진, 신달자, 김정인, 홍금자 등
- 《새벽강 저쪽》(시선) 시집 출간

2003년

- 제4회 장애우를 위한 시와 음악 축제 및 우리 시 사랑하기' 개최 (잠실운동장 축시 낭송)
- 마포문화원 특별초청 홍금자 시인 시낭송회 개최
  - 일시 : 2003년 8월 18일(월) 오후 3시
  - 장소 : 마포아트홀 3층 공연장

2004년

- 좋은시 우리노래 창작가곡의 밤 개최
  - 일시 : 2004년 6월 3일 - 장소 : 이원문화센타
- 제1회 마포구문화상 수상

2005년

- 《고삐풀린 시간들》 시집 출간

2006년

- 교성곡 한강 환타지 한국 초연-서울그랜드앙상블 창단공연 때 연주
  - 교성곡 : 한강환상곡(서사시-홍금자, 작곡-이동훈)
  - 지휘 - 최선용
  - 연주 - 서울그랜드앙상블, 서울심포니오케스트라
  - 일시 - 2006년 12월 2일 오후 2시　　- 장소 - 예술의전당 콘서트홀
- 울림예술대상 수상
  - 주최 - 한우리오페라단, 한겨레신문사, 서울심포니오케스트라
  - 후원 - 서울특별시, 한국문화예술위원회
- 문인극 〈맹진사댁 경사〉 출연
  - 원작 : 오영진, 연출 - 강대홍, 기획-전옥주
  - 출연 : 김경식 김규은 김유선 김홍우 박미경 박순녀 박정기 박정희
성춘복 유자효 이근배 이길원 정승재 조병무 지연희 최금녀
홍금자 황금찬
  - 일시 - 2006년 9월 29~30일　　- 장소 - 문학의집서울

2007년

- 호국보훈의달, 육군군악연주회에서
  - 가곡 : 〈그날이여〉(시-홍금자, 작곡-이안삼) 연주
  - 일시 - 2007년 6월 14일 (목) 19시 30분 - 장소 - 서울 KBS홀(여의도)
- 《신동아》 6월호 '홍금자 시인 인물' 특집게재
- 영등포구 주최 '서울가곡제' 운영위원 선임
- 《문학의 풍경화》 출간

• 《사랑은 시가 되었다》 (공저) 출간

2008년

• 제1회 창작시 가곡의 밤 개최

- 일시 : 2 008년 6월 9일 오후 7시
- 장소 : 문학의집서울

(시인-황금찬 허영자 김후란 신달자 오세영 최문자 문효치 전길자 김세영 이희자 이채민 김형수 이오례 홍일중 홍금자

(작곡자-최영섭 임긍수 이안삼 김효근 정희치 박경규 외)

• 동아일보와 조선일보 관련 기사 게재

• 대한민국 가곡제에서 시〈푸른 봄날엔〉이 대상 수상 (시-홍금자, 작곡-이일찬)

• 대한민국지역문학 전국 시 · 도 문학인 교류대회에서 대회

• 축시 〈빛고을에서 펼치는 문학메카의 무도회〉 낭송

• 《잎새 바람》 시집 출간

• 《나는 누구인가》 (공저) 출간

2009년

• 서울시 주최 김기림 시 〈길〉 낭송(시청 광장)

• 제2회 '서울가곡제' 개최

- 일시 : 2009년 9월 29일(화) 오후 7시 30분 - 장소 : 영등포아트홀
- 시인 : (고)박두진 김남조 허영자 유안진 오세영 (고)이은상 (고)이수인 김년균 문효치 홍일중 김형수 이기철 조영식 송길자 (고)김유선 김효근 전경애 홍금자
- 성악가 : 김영은 강혜정 송기창 조정순 김남두 이현정 이재욱 장유상 김향란 김학남

• 순수문학 대상 수상

2010년

• 《지상의 노래》 영역시집 출간

2011년

• 제1회 '시와 음악이 있는 풍경' 시낭송회 개최
- 일시 : 2011년 4월 9일~30일 (매주 토) 오후 5시
- 장소 : 교보문고 광화문점 선큰 광장
- 시인 : 황금찬 유안진 문효치 전길자 이채민 이애진 김수희 김경옥 최애자 이현진 박은실 김정래 김수희 이오례 강흠경 노희정 황창순 정순임 박해자 정해원 전명숙 임상섭 윤수아 최영희 김문중 김현재 이희자 이동훈 전재섭 최경숙 김정래 이송자 이윤주 김말희 홍금자
- 음악가 : 위호선 정창식 박현진 김부녀 문희주 김성은 김상복

• 11월 2일~11월 4일 영등포구 문화사절단으로 일본 기시와다시 방문
• 일역시집 《고도를 기다리며》 출간
• 제1회 전국지역신문협회문화예술 대상 수상

2012년

• 구상문학상 운영위원 선임
• 제78차 국제PEN대회 시낭송(경주 금장대)

2013년

• 러시아 문학세미나 참석
• 한국문협 서울지회 이사
• (사)한국문인협회 평생교육원 위원장 및 초대 시낭송 교수 선임

- 한국기독교문학상 수상
- 한국문인협회 월간문학상 수상
- 《언어를 모종하다》 시집 출간
- 《시낭송의 즐거움》 출간

2014년

- 제7회 '서울 문화의 날' 기념 시낭송(서울 시청 광장)
- 《그리움의 나무로》 활판시집 출간

2015년

- 《시낭송 어떻게 할 것인가》 출간

2016년

- 황금찬 시인의 문학적 업적을 기리기 위해 제1회 황금찬 전국 시낭송 대회 개최
  - 일시 : 2016년 5월 28일 - 장소 : 예술가의 집
- 세계한글작가대회 시낭송과 가곡의 밤에 시극 〈선덕여왕과 지귀의 사랑〉 기획 연출 (출연-홍금자 장충열 홍성훈 김철기 오현정)
- 《시간, 그 어릿광대》 시집 출간

2017년

- 제2회 황금찬 전국시낭송대회 개최
  - 일시-2017년 6월 17일 - 장소-예술가의 집
- 영등포 국회의사당 동편 무대에서 홍금자 시인 북콘서트 개최
- 제1회 영등포문학상 수상

2018년

- 영등포문인협회 회상 선임
- 한국문인협회 주최 문예지 콘테스트에서 《영등포문학》 우수상 수상
- 시마을 시낭송회 주최로 영등포 교보문고 '티움'홀에서 한 달 동안 매주(토) 시낭송회 개최
  - 시인 : 허영자 신달자 전길자 박영희 이애진 최영희 이정현 이오례 황창순 이임진 김옥춘 이순례 김춘자 정태순 이정희 이상임 양송임 홍금자
- 영등포구민과 함께하는 '문학2018 시와 노래' 개최
  - 일시 : 2018년 10월 22일(월) 15시 30분
  - 장소 : 영등포아트홀 2층
- 영등포구 후원으로 '문학의 즐거움' 문학 강의
  - 일시 - 2018년 2월 5일~2월 16일
  - 장소 - 영등포구청별관 제2평생학습센타

2019년

- 영등포구민과함 께하는 '문학2019 시와노래' 개최
  - 일시 : 2019년 10월 10일(목) 15시 - 장소 : 영등포아트홀 2층
- 문학의집서울 합창단 창단기념 공연 (2019년 12월 20일)
- 국제PEN한국본부 펜문학상 수상
- 국제PEN한국본부 공로상 수상
- 《외줄타는 어름사니》 시집 출간

2021년

- 《창조문예》 7월호 특집 '홍금자 작가연구' 게재
  - 대표작 10편(시), 연보, 나의 문학 나의 신앙, 홍금자 작품론(박이도

조병무시인 작품평)

- 시인만세 인터뷰(문학아카데미) '홍금자 시낭송교실' (대담-이정현 시인)

2023년

- 《풍경이 지워지는 저녁이면》 시집 출간
- 《지상에는 시가 있었네》 시집 출간

2023년 현재

국제PEN한국본부 이사, 한국여성문학인회 회원, 한국기독교문협 이사, 한국시인협회 상임위원, 영등포문협 고문, 일성여중고 문예반 강사, 마포문화원 전문위원으로 활동

시집

《창가에 심는 그리움의 나무》 (1987 둥지)

《너는 바다 크기로 내 안에 들어와》 (1992 혜화당)

《하늘에 걸린 정원》 (1992 황금찬, 홍금자 2인 시집 혜화당)

《너를 바라보는 것만으로도 기쁨인 날》 (시선 1995 청학)

《그대 따라나서는 길》 (1997 둥지)

《목마른 나무가 되어》 (2001 토우)

《새벽 강 저쪽》 (시선 2002 모아드림)

《유년의 우물》 (2002 마을)

《우수 날의 강변》 (2005 모아드림)

《고삐 풀린 시가들》 (2005 순수)

《잎새 바람》 (2008 연인)

《지상의 노래》 (영역시집 2010 순수)

《고도를 기다리며》 (일역시집 2011 순수)

《언어를 모종하다》(시선 2013 등대지기)

《그리움이 나무로》(활판 시선집 2014 시월)

《시간, 그 어릿광대》(2016 미네르바)

《외줄 타는 어름사니》(2019 신아)

《풍경이 지워지는 저녁이면》(2023 계간문예)

《지상에는 시가 있었네》(2023 계간문예)

수필 · 시 · 이론서

《문학의 풍경화》(홍금자 2007)

《시낭송의 즐거움》(홍금자 2013)

《시낭송 어떻게 할 것인가》(홍금자 2015)

《어머니 찾아가기》(김수환 외 공저 2000)

《시의 이슬은 이 아침에도》(허영자 외 공저 2004)

《나에게 문학은 무엇인가》(황금찬 외 공저 2007)

《나는 누구인가》(김남조 외 공저 2008)

《사랑은 시가 되었다》(신경림 외 공저 2007)

《간이역 간다》(이건청 외 공저 2011)

《시로 쓴 유언》(나태주 외 공저 2008)

《천관산문학공원시비시집》(2002)

《계명성시비공원시집》(문병란 외 공저 2007)

수상

윤동주문학상(1992)

새천년한국문학상(2001)

마포구 제1회 문화상(2004)

울림예술대상(2006)

순수문학대상(2009)
제1회전국지역신문협회 문화예술대상(2011)
한국기독교문학상(2013)
한국문협 월간문학상(2013)
제1회 영등포 문학상(2017)
국제PEN한국본부 펜문학상(2019)
국제PEN한국본부 공로상

가곡 시

〈천년의 그리움〉(김규태 곡)
〈한강 환상곡〉(이동훈 곡)
〈그날이여〉(이안삼 곡)
〈오월의 향기〉(이재석 곡)
〈잎새 바람〉(이안삼 곡)
〈상사화〉(이연승 곡)
〈잊지 못하는 까닭〉(정애련 곡)
〈푸른 봄날엔〉(이일찬 곡)
〈빈자리〉(진규영 곡)
〈선유도 이야기〉(김경자 곡)
〈사랑은〉(이안삼 곡)
〈그리움 하나〉(신귀복 곡)
〈한강〉(최현석 곡)
〈제주 풍경〉(최영섭 곡)
〈양원초등학교 교가〉(최영섭 곡)
〈사랑의 나무〉(임긍수 곡)
〈그 사랑 앞에서〉(허방자 곡)

계간문예시인선 188

홍금자 시집 _ 지상에는 시가 있었네

초판 인쇄 2023년 8월 25일
초판 발행 2023년 8월 31일

지 은 이 홍금자
회 장 서정환
발 행 인 정종명
편집주간 차윤옥

펴 낸 곳 도서출판 계간문예
주 소 03132 서울 종로구 삼일대로 30길 21 종로오피스텔 1209호
전 화 (02) 3675-5633 팩스 (02) 766-4052
이 메 일 munin5633@naver.com
홈페이지 http://cafe.daum.net/quarterly2015
등 록 2005년 3월 9일 제300-2005-34호
연 락 처 03132 서울 종로구 삼일대로 32길 36 운현신화타워 305호
인 쇄 54991 전북 전주시 완산구 공북1길 16, 신아출판사
ISBN 978-89-6554-275-9 04810
ISBN 978-89-6554-118-9 (세트)

값 12,000원